PLANTAS PARA CASA

GUIA PRÁTICO

A Editora Nobel tem como objetivo publicar obras com qualidade editorial e gráfica, consistência de informações, confiabilidade de tradução, clareza de texto, impressão, acabamento e papel adequados. Para que você, nosso leitor, possa expressar suas sugestões, dúvidas, críticas e eventuais reclamações, a Nobel mantém aberto um canal de comunicação.

Entre em contato com:
CENTRAL NOBEL DE ATENDIMENTO AO CONSUMIDOR
Tel.: (011) 876-2822 ramais 259/262 Fax: (011) 876-6988
Rua da Balsa, 559 - Sao Paulo - CEP 02910-000
Internet: www.livrarianobel.com.br

PLANTAS PARA CASA

GUIA PRÁTICO

Nobel

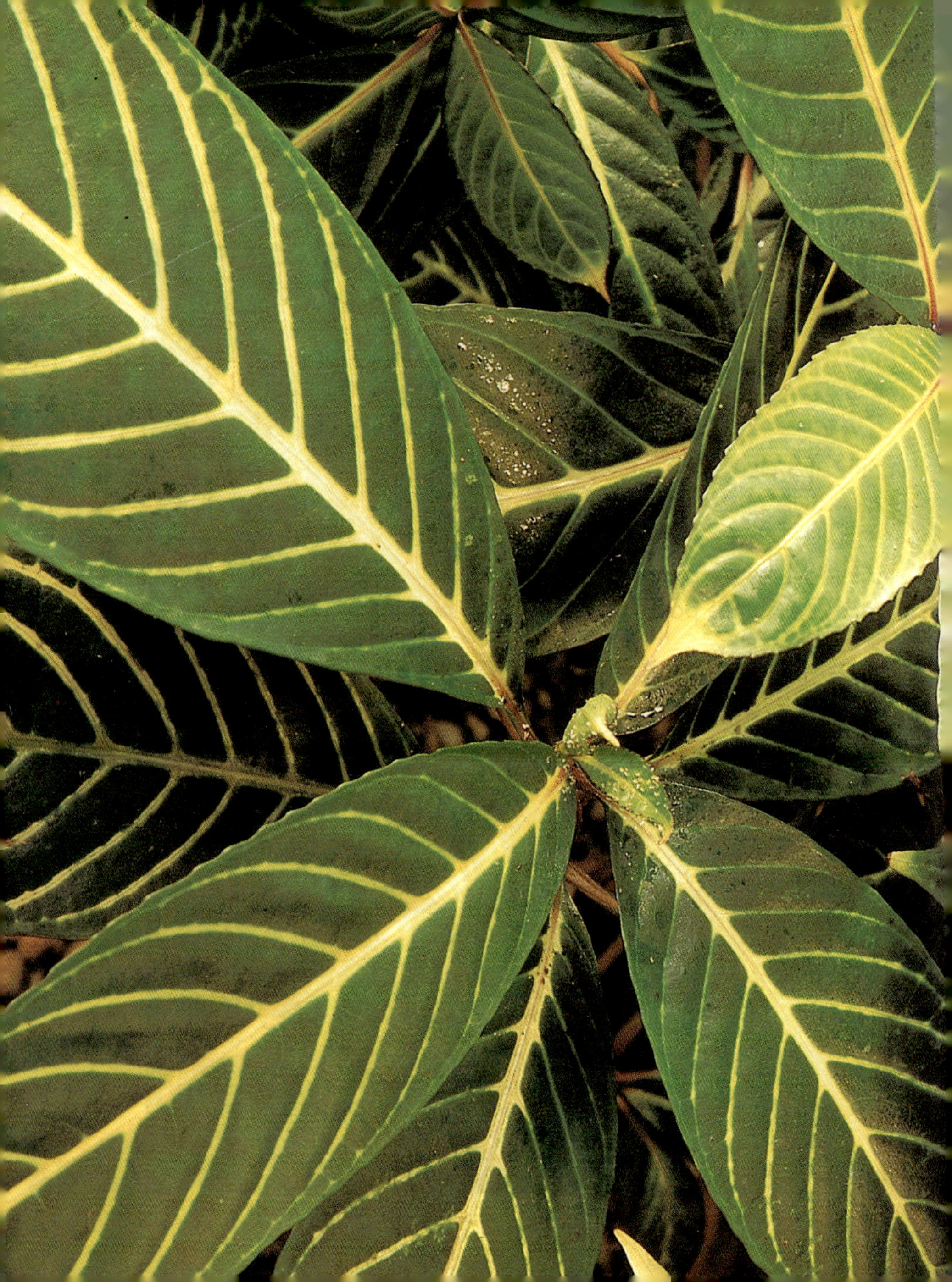

PLANTAS SAUDÁVEIS PARA CASA

Entre as mais belas plantas para casa que conhecemos hoje, quase todas são originárias dos trópicos. Durante o século XIX, houve uma procura frenética entre os botânicos pelas plantas em partes remotas do mundo. Hoje, não precisamos ir além do parque principal de nossa cidade para admirar espécies que, há apenas cem anos, eram encontradas somente nas profundezas da floresta tropical.

A compra de plantas

É bastante difícil escolher plantas tropicais e principalmente, descobrir onde comprá-las. É da maior importância que a planta esteja em boas condições desde o início.

ONDE COMPRAR

Para uma planta estar em boas condições, as instalações do fornecedor devem ser adequadas. É importante a loja ser aquecida, bem iluminada e agradável. Uma floricultura administrada por profissionais, lojas de departamentos, supermercados e centros de jardinagem são importantes fornecedores para o amador.

As plantas compradas nessas lojas costumam ser de melhor qualidade do que aquelas adquiridas numa floricultura comum. Como compram em grandes quantidades, essas lojas têm condições de exigir padrões de qualidade mais elevados de seus fornecedores, o que pode ser visto na qualidade das plantas.

AVALIE AS PLANTAS

- **BOTÕES** firmes e com condições de desabrocharem. Se a planta tomou corrente de ar, os botões podem cair no transporte.
- **FLORES** perfeitas, sem mancha. Plantas com regas regulares produzem flores saudáveis em profusão. Tom marrom ou flores murchas indicam que a planta não está bem nutrida.
- **FOLHAGEM** vigorosa, coloração intensa e uniforme, sem manchas. Pontos como bolhas e áreas marrons sugerem fungos/infecção bacteriana. Anéis e regiões cheias de pintas podem ser sintomas de viroses.
- **CAULES** resistentes e sem manchas. Capa de pó branco pode ser ataque de fungo por a planta estar em lugar úmido e mal arejado.

Acima: Kalanchoe Blossfeldiana, *uma suculenta ornamental cultivada por suas flores de cores vivas e de longa duração.*

ESTADO FITOSSANITÁRIO

Dê a seu fornecedor uma idéia das condições ambientais que a planta vai encontrar. Um bom fornecedor vai querer saber da luminosidade e temperatura de sua casa; depois vai sugerir plantas que deverão ter boa adaptação. Comprar uma planta realmente saudável é a chave para garantir um cultivo bem-sucedido e poupar decepções. Dispenda algum tempo para avaliar o estado fitossanitário.

A CAMINHO DE CASA

Um bom fornecedor embala com cuidado a planta. Em dias frios, a rápida exposição da planta ao ar frio pode lesá-la de forma irreparável. Se estiver frio o bastante para você sair agasalhado, proteja bem a planta. E em dias quentes, o vento pode desidratar e queimar a planta.

O ambiente em sua casa

A planta que chega em um novo ambiente enfrenta algum tipo de desafio. Por melhor que o ambiente seja, talvez não tenha as condições estáveis às quais a planta estava acostumada.

SERES VIVOS

As plantas são, em geral, usadas como elementos decorativos. Nunca cometa esse erro, pois pode ver um desastre. É crucial lembrar-se de que toda planta é um ser vivo; tem necessidades que precisam ser satisfeitas para que sobreviva. No ambiente artificial de sua casa, ela depende inteiramente de você para atender essas necessidades.

LUMINOSIDADE

A luz fornece às plantas a energia delas. Todas as plantas contêm clorofila verde que capta a energia da luz solar. Por meio do processo chamado fotossíntese, a clorofila utiliza a luz para fabricar açúcares e outras substâncias químicas complexas, absorvendo o dióxido de carbono do ar e hidrogênio e oxigênio da água.

Esquerda: A samambaia-argentina (Nephrolepsis exaltata) *tolera um pouco de sombra.*

Acima: A Primula abconica, *colorida e resistente que pode ser cultivada dentro de casa.*

PLANTAS SAUDÁVEIS PARA CASA

AR E VENTILAÇÃO

Todos gostamos de ar fresco em casa; as plantas também. Enquanto os seres humanos inalam oxigênio e exalam dióxido de carbono, o metabolismo vegetal opera inversamente, absorvendo dióxido de carbono e expelindo oxigênio. As plantas gostam de ar fresco, desde que não seja frio demais. Procure manter o ar em condições semelhantes ao do externo. Forneça mais água para compensar a umidade removida pela corrente de ar.

TEMPERATURA

Muitas espécies de folhagem vêm de florestas tropicais e a maioria dos cactos são plantas dos desertos. Para que você possa garantir temperatura entre 7 e 24°C – mantida normalmente pela maioria em função de seu próprio conforto – não há necessidade de ter grandes preocupações com suas plantas. Também é importante evitar variação muito grande e repentina, porque poucas plantas conseguem enfrentá-la com facilidade.

Regas e adubação

"Quanto de água devo dar às minhas plantas?" é a pergunta mais freqüente. Se regar pouco, as folhas caem; em excesso, a folhagem amarela. Mantenha o equilíbrio.

REGAS
Se a planta estiver seca, ágüe a superfície até ver o excesso escoar pelo fundo do vaso. Se estiver muito seca, submerja-a num balde com água. Segure o vaso e introduza os polegares na terra; mergulhe o vaso na água e deixe-o até as bolhas de ar sumirem. Se a secura persistir, repita esse exercício 2-3 vezes por semana. Em geral, a água da chuva é melhor para as plantas, mas não é essencial. Não use água saída diretamente da torneira ao regar plantas como as violetas africanas. Encha um regador e espere um pouco para que a água chegue à temperatura ambiente.

Esquerda: A rega para a violeta é uma questão delicada. (Saintpaulia ionantha).

Acima: O Chrysanthemum morifolium dispensa adubação.

ADUBAÇÃO

Sua planta deve ter vindo de uma estufa onde era adubada regularmente. Essa prática deve continuar depois que a planta for para sua casa, do contrário, vai sofrer perda de cor e de vigor. Uma gama extensa de fertilizantes, em várias formulações, encontra-se à venda na maioria dos centros de jardinagem e o mais adequado para suas plantas será uma questão de tentativa e erro. Em geral, em forma líquida é melhor, pois é absorvido com maior facilidade; dois outros tipos são indicados na tabela ao lado.

FERTILIZANTES PARA PLANTAS CULTIVADAS EM CASA

- **EM FORMA DE PASTILHAS**
  são introduzidos na terra. A pastilha libera a dosagem certa de nutrientes na rega.

- **EM FORMA DE BASTÃO**
  são introduzidos na terra, nas bordas do vaso. Liberam nutrientes depois de algum tempo.

- **EM FORMA LÍQUIDA**
  são misturados com a água da rega. O fertilizante em pó pode ser dissolvido em água, tornando-se um fertilizante líquido também.

PLANTAS SAUDÁVEIS PARA CASA

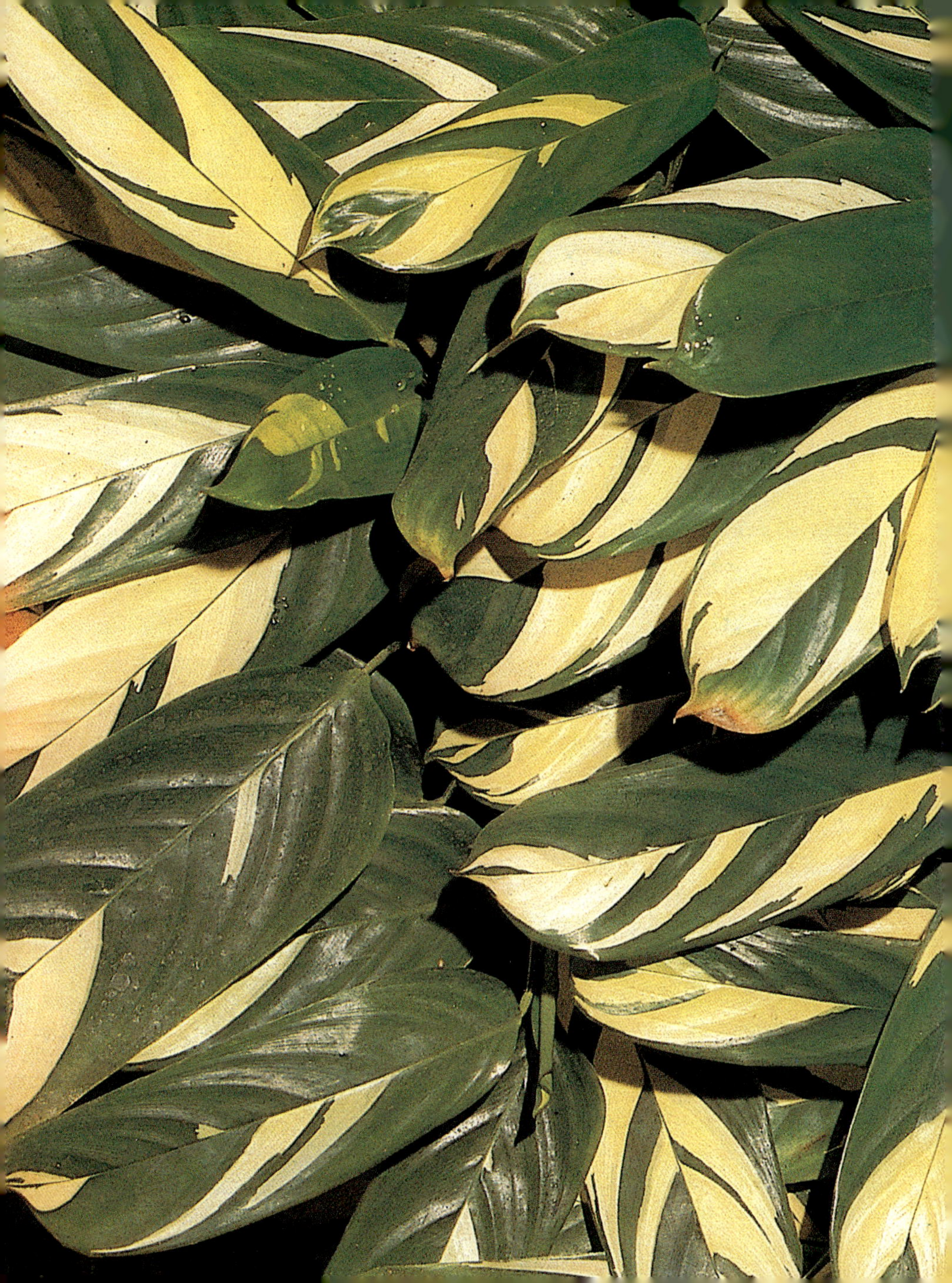

ESPÉCIES DE PLANTAS PARA SUA CASA

Símbolos usados

As figuras abaixo são utilizadas ao longo do livro para dar uma idéia sucinta dos cuidados exigidos por cada espécie.

Luz. Quantidade necessária entre 4, máxima, e 0, mínima.

Regas. Quantidade necessária entre 4, máxima, e 0, mínima.

Adubação. Quantidade necessária entre 4, máxima, e 0, mínima.

Total de cuidados exigidos. Quantidade necessária de cuidados expressa como total dos três itens anteriores, entre 12, o maior, e 0, o menor.

AO LONGO DO LIVRO
O nome botânico das espécies é dado primeiro em ordem alfabética, seguido do nome popular, quando existe.

AECHMEA FASCIATA CARAGUATAÍ

Uma das maiores bromeliáceas, forma uma roseta de folhas duras, com espinhos nas extremidades, com listras irregulares de tom prateado. Quando adulta, produz uma flor em seu centro, com um cacho de brácteas cor-de-rosa, no qual brotam flores de curta duração.

Família Bromeliaceae.
Luz Bastante luz do sol.
Temperatura 15-24°C.
Cuidados Fertilizante líquido diluído a cada duas semanas, da primavera ao outono.
Regas Mantenha água potável na coroa formada pela roseta de folhas.

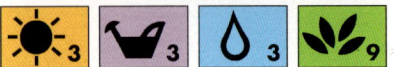

AEONIUM ARBOREUM AEONIUM ARBÓREO

Essa é uma espécie mais alta, subarbustiva com galhos, ao contrário da maioria dos *Aeoniums*, que são plantas rasteiras. Cada galho tem uma roseta típica dos *Aeoniums* na extremidade. É uma planta vistosa. Tem folha púrpura muito característica.

Família Crassulaceae.
Luz Bastante luz e sol.
Temperatura 15-24°C.
Cuidados Fertilizante líquido a cada quinze dias, na época do crescimento.
Regas Moderadas enquanto estiver crescendo e só o suficiente para evitar o ressecamento.

AGAVE AMERICANA AGAVE

Leva muitos anos para florescer e a roseta de folhas morre quando as flores murcham. Tem folhas azul-esverdeadas com espinhos nas extremidades. A "Marginata", uma forma menos vigorosa, tem nas folhas bordas de cor creme.

Família Agavaceae.
Luz Abundante, mas não forte.
Temperatura 15-24°C.
Cuidados Fertilizante líquido a cada quinze dias enquanto estiver crescendo.
Regas Moderadas no verão e mínimas no inverno, somente para mantê-la ligeiramente úmida.

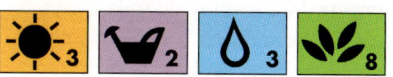

AGLAONEMA CRISPUM AGLAONEMA

Uma das muitas *Aglaonemas* cultivadas por causa de suas folhas ornamentais matizadas. Enquanto membros da família arácea, formam flores típicas no verão, mas são pequenas, verde-amareladas e insignificantes.

Família Araceae
Luz Abundante, mas não forte.
Temperatura 18-21°C.
Cuidados Ferlizante líquido uma vez por mês, exceto no meado do inverno.
Regas Moderadas; enquanto crescem poucas em período de repouso vegetativo. Mantenha-a sempre úmida.

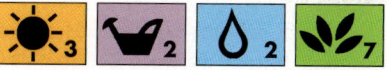

ANANAS COMOSUS VARIEGATUS ABACAXI ORNAMENTAL

É a forma mais decorativa do abacaxi cultivado, da qual apreciamos o fruto. É uma planta mais terrestre do que as que vivem nas árvores. Tem folhas arqueadas, espinhos nas extremidades e bordas largas de cor marfim.

Família Bromeliaceae.
Luz A luz forte é essencial.
Temperatura 18-24°C.
Cuidados Fertilizante líquido duas vezes por mês durante o ano todo.
Regas Moderadas durante o ano todo; é bom deixá-la secar parcialmente entre as regas.

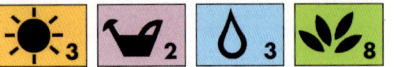

ANTHURIUM SCHERZERIANUM ANTÚRIO-RABINHO-DE-PORCO

Planta compacta com folhas escuras de um verde lustroso e em forma de lança, entre as quais erguem-se hastes com flores na ponta, cada qual com uma espata de vermelho-escarlate brilhante.

Família Araceae.
Luz Moderada, pois é originária da floresta.
Temperatura 18-24°C.
Cuidados Fertilizante líquido a cada quinze dias, enquanto estiver crescendo.
Regas Generosas enquanto estiver crescendo; restritas em meados do inverno, mas deve-se mantê-lo úmido.

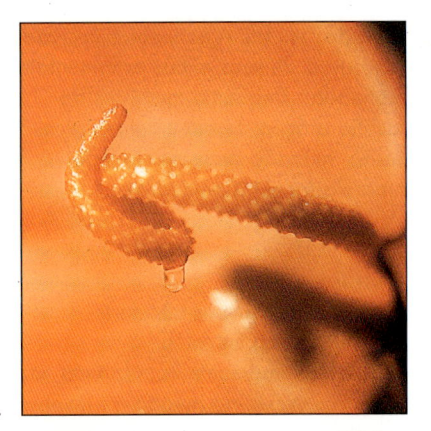

APHELANDRA SQUARROSA LOUISAE AFELANDRA-ZEBRA

O nome popular vem das nervuras em branco-marfim das folhas verde-escuras brilhantes. Planta tropical forma uma espiga de flores na primavera, com brácteas e flores amarelas de vida curta.

Família Acanthaceae.
Luz Abundante, sem sol ardente.
Temperatura 18-24°C.
Cuidados Adube toda semana enquanto cresce, mas não em repouso vegetativo.
Regas Mantenha o composto úmido enquanto a planta estiver crescendo e quase seco quando em repouso.

☀ 3   🪣 2   💧 4   🌿 9

APOROCACTUS FLAGELLIFORMIS CACTO-RABO-DE-RATO

Planta ideal para vasos suspensos para que suas hastes possam pender livremente. É espetacular com as hastes transbordando com dezenas de longas flores vermelho-sangue.

Família Cactaceae.
Luz Iluminação boa e indireta.
Temperatura 18-24°C.
Cuidados Fertilizante com alto teor de potássio a cada quinze dias, enquanto cresce.
Regas Muita água para manter o composto úmido enquanto a planta cresce. Mantê-la ligeiramente úmida no inverno.

☀ 2   🪣 3   💧 3   🌿 8

ARAUCARIA HETEROPHYLLA PINHEIRO-DE-NORFOLK

Essa é, por natureza, uma conífera alta da ilha Norfolk (Austrália), que pode chegar a 60 m de altura. Quando jovem, sua folhagem parece-se com a do pinheiro chamado árvore-de-natal.

Família Araucariaceae.
Luz Luz abundante, que mudará a tonalidade de suas agulhas.
Temperatura 7-24°C.
Cuidados Fertilizante líquido duas vezes por mês, entre a primavera e o outono.
Regas Abundantes durante o crescimento; a terra deve ficar apenas ligeiramente úmida no inverno.

ASPARAGUS DENSIFLORUS ASPARGO-PENDENTE

Pertence à família dos lírios e do aspargo comestível; é uma das mais resistentes e de folhagem penugenta. Forma longas hastes pendentes e fica muito bonita numa cesta suspensa.

Família Liliaceae.
Luz Luz abundante, sem sol ardente.
Temperatura 15-24°C.
Cuidados Fertilizante líquido quinzenalmente, enquanto estiver crescendo.
Regas Generosas no verão para mantê-la úmida. Só o suficiente para mantê-la ligeiramente úmida no inverno.

ASPIDISTRA ELATIOR ASPIDISTRA

São plantas lindas com folhagem simétrica e folhas de verde brilhante. As flores formam-se perto do chão e são de cor púrpura-opaco. A "Variegata" é uma espécie com listras branco-creme ao longo das folhas.

Família Liliaceae.
Luz Moderada. A "Variegata" precisa de bastante luz.
Temperatura 7-27°C.
Cuidados Fertilizante líquido quinzenalmente, enquanto estiver crescendo.
Regas Moderadas o ano todo; deixar a planta parcialmente seca entre as regas. O excesso de água prejudica as folhas.

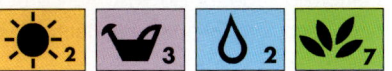

ASPLENIUM NIDUS ASPLÊNIO-NINHO-DE-AVE

Espécie de samambaia que cresce nas árvores do Pacífico Sul e da Austrália; tem frondes sem divisões. Conhecida como ninho de pássaro.

Família Polypodiaceae.
Luz Moderada é a melhor de todas.
Temperatura 15°C, no mínimo.
Cuidados Fertilizante líquido quinzenalmente, enquanto cresce.
Regas Manter bem úmida enquanto cresce. Ligeiramente úmida no inverno. Mergulhe o vaso em esfagno ou deixe-o sobre pedrinhas molhadas.

BEGONIA CORALLINA "LUCERNA" BEGÔNIA-ASA-DE-ANJO

Planta decorativa, tanto por sua folhagem como por suas flores rosa-coral. É fácil fazer mudas com os talos. As folhas são verde brilhante com manchas brancas e vermelho-vinho.

Família Begoniaceae.
Luz Bastante luz é essencial para a coloração. A luz forte queima as folhas.
Temperatura 8-24°C.
Cuidados Fertilizante líquido duas vezes por mês.
Regas Moderadas no crescimento. O composto superior do vaso nunca deve ficar seco. No inverno, mantenha o solo ligeiramente úmido.

BEGONIA REX BEGÔNIA-REAL

Begonia rex é nome genérico de plantas híbridas. Tem folhas recortadas e de belo colorido que varia do verde-prateado ao púrpura quase negro. Podem florir, mas são insignificantes. São decíduas e as folhas morrem com pouca luz.

Família Begoniaceae.
Luz Abundante, mas não forte.
Temperatura 18-24°C.
Cuidados Fertilizante líquido duas vezes por mês.
Regas Moderadas no crescimento. Mantenha o solo úmido no inverno.

BELOPERONE GUTTATA CAMARÃO

Essa planta produz formações que parecem camarões. São formadas a partir das brácteas rosa-amarronzadas superpostas e de minúsculas flores brancas. De natureza transbordante, é necessário manter a forma e tamanho.

Família Acanthaceae.
Luz Bastante luz com um pouco de sol.
Temperatura 18-24°C.
Cuidados Fertilizante líquido duas vezes por mês enquanto cresce.
Regas O suficiente para manter o composto úmido e permitir que a superfície seque entre as regas.

BILLBERGIA NUTANS BILBERGIA

Bromeliácea terrestre resistente e de fácil cultivo, originária do Brasil e Argentina. Forma longas hastes floridas envolvidas por brácteas cor-de-rosa. Das hastes pendem as flores. As folhas arqueadas cinza-esverdeadas são tubulares na base e formam cachos de rebentos, que são as novas mudas.

Família Bromeliaceae.
Luz Bastante luz e um pouco de luz do sol direta para a produção de flores.
Temperatura 7-24°C.
Cuidados Fertilizante líquido duas vezes por mês.
Regas Manter o composto úmido, pois não há período de repouso vegetativo.

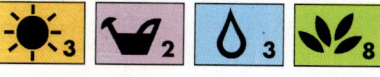

CAMPANULA ISOPHYLLA CAMPÂNULA

É favorita para peitoris de casa de campo. Hoje, costuma ser cultivada como trepadeira ou em vasos suspensos. As flores são azuis ou brancas, dependendo da variedade e desabrocham até o outono, quando a planta é bem cuidada. É uma planta fácil de cultivar.

Família Campanulaceae.
Luz Bastante luz; sem sol quente.
Temperatura 15-24°C.
Cuidados Fertilizante líquido duas vezes por mês.
Regas Suficientes para manter o composto úmido no verão; menos no inverno.

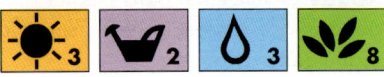

☀ 3 　 🛢 2 　 💧 3 　 🌿 8

CEROPEGIA WOODII CEROPEGIA

Uma planta que é, ao mesmo tempo, suculenta e trepadeira, adequada para vasos suspensos. As hastes filamentosas sustentam muitas folhas carnosas em forma de coração. As flores são pequenas, tubulares e de cor púrpura.

Família Asclepiadaceae.
Luz Bastante luz com várias horas por dia de exposição ao sol.
Temperatura 15-24°C.
Cuidados Fertilizante líquido uma vez por mês, enquanto estiver crescendo.
Regas Moderadas no crescimento e mínimas no inverno.

☀ 3 　 🛢 2 　 💧 2 　 🌿 7

CHAMAECEREUS SILVESTRII

Esse cacto é típico do deserto e de fácil cultivo. Pequeno, cresce muito e enche rapidamente um vaso com brotos laterais, que podem ser separados da planta-mãe e usados como forma eficiente de propagação.

Família Cactaceae.
Luz Muita.
Temperatura 15-24°C.
Cuidados Fertilizante líquido a cada 3-5 semanas durante o crescimento.
Regas Moderadas no crescimento. Solo ligeiramente úmido no inverno.

CHAMAEDOREA ELEGANS PALMEIRA CHAMAEDÓREA

Vendida com o nome de *Neanthe bella*, é indicada por ser menor que a maioria das palmeiras. Leva muitos anos para alcançar 90 cm. É de fácil cultivo, desde que tenha umidade suficiente e não receba calor ou luz em excesso.

Família Palmae.
Luz Abundante, mas indireta.
Temperatura 18-24°C.
Cuidados Fertilizante líquido uma vez por mês na época do crescimento.
Regas Generosas no crescimento; o composto deve ser mantido úmido. No inverno deve ficar ligeiramente úmido.

CHRYSANTHEMUM MORIFOLIUM CRISÂNTEMO-DO-JAPÃO

Uma das mais populares plantas floríferas de interior. O período de sua floração dura de seis a oito semanas. Florescem em todos os meses do ano e por isso são fáceis de substituir. As flores podem ser brancas, amarelas, bronze, cor-de-rosa ou laranja.

Família Compositae.
Luz Bastante luz, sem sol direto.
Temperatura 10-18°C.
Cuidados Não precisam de nutrientes, pois são plantas temporárias.
Regas Mantenha o composto úmido.

CISSUS ANTARTICA CISSUS

Uma bela trepadeira que utiliza suas gavinhas para subir. Da família da videira, é valorizada por suas folhas brilhantes, sempre verdes, ovais e pontudas, como pela tolerância a variações ambientais.

Família Vitaceae.
Luz Luz solar direta; tolera sombra.
Temperatura 18-21°C.
Cuidados Fertilizante líquido quinzenalmente, da primavera ao outono.
Regas Moderadas no crescimento e se o composto revelar necessidade de água. Mínimas no inverno.

CLIVIA MINIATA CLÍVIA

A clívia de flores alaranjadas da África do Sul é uma planta valiosa para se cultivar em casa, pois se mantém bonita durante vários anos com mínimo de cuidados. Suas principais exigências são luz adequada e um período de repouso no inverno.

Família Amaryllidaceae.
Luz Muita luz e pouco sol direto.
Temperatura 15-24°C.
Cuidados Fertilizante líquido duas vezes por mês depois que os talos com as flores já estiverem meio crescidos.
Regas Generosas para manter a umidade no crescimento. Mínimas no inverno.

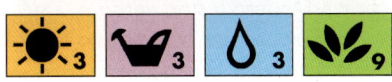

☀ 3   🪣 3   💧 3   🌿 9

COLEUS BLUMEI COLÉUS

Planta tropical de folhas coloridas e decorativas. Produz inflorescências terminais de flores azul-pálidas, que é melhor eliminá-las.

Família Labiatae.
Luz Muita luz e pouco sol direto para garantir coloração e crescimento.
Temperatura 15-24°C.
Cuidados Fertilizante líquido duas vezes por mês.
Regas Tantas quantas necessárias para manter o composto bem úmido. Murcham se lhes falta água. Borrife a folhagem diariamente para impedir o surgimento de ácaros vermelhos.

☀ 3   🪣 4   💧 3   🌿 10

CRASSULA FALCATA

Essa planta possui folhas cinza-azuladas um pouco torcidas. Apresenta folhagem densa e quando jovem, por algum tempo, tem apenas uma única haste vertical. As flores vermelho-sangue brilhante são muito vistosas.

Família Crassulaceae.
Luz Bastante luz e muito sol.
Temperatura 15-24°C.
Cuidados Fertilizante líquido a cada quinze dias enquanto cresce.
Regas Moderadas no verão e o suficiente para manter o composto ligeiramente úmido no inverno.

☀ 3 💧 3 💧 2 🌿 8

CRYPTANTHUS BIVITTATUS BROMÉLIA TRICOLOR

Uma das menores bromélias cultivadas como plantas ornamentais. É uma espécie terrestre que cresce em gretas e árvores caídas e usa seu sistema de raízes mais para se fixar do que para absorver nutrientes.

Família Bromeliaceae.
Luz Bastante luz o ano inteiro para produzir cor mais intensa nas folhas.
Temperatura 15-24°C.
Cuidados Usar fertilizante foliar quando em fase de crescimento.
Regas Só ocasionais para manter o composto ligeiramente úmido.

☀ 3 💧 1 💧 1 🌿 5

DIEFFENBACHIA MACULATA COMIGO-NINGUÉM-PODE

Planta com folhagem decorativa e que tolera temperaturas baixas e menos umidade que a maioria da espécie. Tem seiva venenosa que causa sérios problemas na boca e na garganta; lave sempre as mãos se fizer cortes nela.

Família Araceae.
Luz Moderada no verão; bastante no inverno.
Temperatura 18-27°C.
Cuidados Fertilizante líquido quinzenalmente.
Regas Moderadas para manter o composto úmido e ligeiramente úmido no inverno.

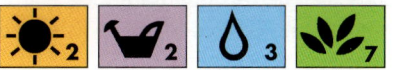

DRACAENA MARGINATA DRACENA-DE-MADAGÁSCAR

D. marginata "Tricolor" é uma linda variedade da dracena-de-madagáscar com graciosas folhas arqueadas em forma de bambu. Tem uma faixa creme entre a estreita borda vermelha e o tom verde da folha. Pode alcançar até 2,4 m.

Família Agavaceae.
Luz Abundante, mas não sol forte.
Temperatura 18-24°C.
Cuidados Fertilizante líquido de quinze em quinze dias enquanto estiver em fase de crescimento.
Regas Generosas para manter o composto úmido. Pouca água no período de repouso vegetativo.

ECHEVERIA ELEGANS BOLA-DE-NEVE-MEXICANA

Planta suculenta em forma de rosácea, de folhas azul-acinzentadas cobertas por uma camada cerosa branca. Produz cachos de flores tubulares amarelas e cor-de-rosa sustentadas por hastes altas no verão.

Família Crassulaceae.
Luz Muita luz, até mesmo sol forte.
Temperatura 15-24°C.
Cuidados Doses moderadas de fertilizante uma vez por mês.
Regas Pouca água mesmo no crescimento. Regue o suficiente para evitar que murche. A água não pode entrar em contato com as folhas, pois elas apodrecem ou queimam.

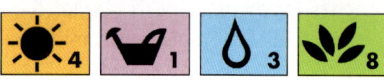

☀ 4 | 🪣 1 | 💧 3 | 🌿 8

ECHINOCACTUS GRUSONII CACTO-BARRIL-DE-OURO

Essa é uma planta de crescimento lento. É pouco provável que chegue a florir dentro de casa porque precisa crescer muito antes disso. Seus principais atrativos são a forma simétrica: muitos tubérculos alinhados como vigas verticais e muitos espinhos dourados.

Família Cactaceae.
Luz Muita.
Temperatura 15-24°C.
Cuidados Fertilizante líquido a cada 3-5 semanas na época de crescimento.
Regas Moderadas enquanto cresce. A terra deve ficar ligeiramente úmida no inverno.

☀ 4 | 🪣 2 | 💧 2 | 🌿 8

ECHINOCEREUS PECTINATUS

Planta de crescimento lento, adequada para peitoril ensolarado. Leva cerca de 6 anos para alcançar 10 cm. Depois disso, o caule de um segmento só pode ramificar-se. Apresenta cachos de espinhos brancos nas auréolas dos segmentos. As flores típicas de cacto têm tonalidade malva.

Família Cactaceae.
Luz Muita.
Temperatura 15-24°C.
Cuidados Fertilizante líquido a cada 3-5 semanas enquanto cresce.
Regas Moderadas no crescimento. Deve ficar ligeiramente úmida no inverno.

EPIPHYLLUM "ACKERMANNII" CACTO-ORQUÍDEA

Também conhecido como *Nopalxochia ackermannii*, essa planta híbrida de jardim é magnífica ao florescer na primavera. Exibe flores imensas que, embora não tenham o formato de orquídeas, são tão esplêndidas quanto elas.

Família Cactaceae.
Luz Moderada.
Temperatura 15-27°C.
Cuidados Fertilizantes com alto teor de potássio de quinze em quinze dias.
Regas Generosas no verão, moderadas em todas as outras estações.

EUPHORBIA MILLI COROA-DE-CRISTO

Um membro resistente à seca desse vasto gênero de plantas originárias de Madagáscar. É uma planta cultivada por sua beleza bizarra e sua forma de arbusto espinhoso. Tem folhagem um pouco rala e suas minúsculas "flores" (brácteas) de um vermelho-sangue brilhante parecem gotas de sangue.

Família Euphorbiaceae.
Luz Muita luz e sol.
Temperatura 15-27°C.
Cuidados Fertilizante líquido de quinze em quinze dias no crescimento.
Regas O suficiente para manter o composto úmido. Mínimas no inverno.

EUPHORBIA PULCHERRIMA POINSÉTIA, BICO-DE-PAPAGAIO

Vendida em larga escala como planta de vaso natalina. Suas brácteas de cor vermelho-sangue são o maior atrativo; elas mantêm seu colorido por cerca de dois meses. Não são flores, e sim folhas coloridas.

Família Euphorbiaceae.
Luz Abundante, mas sem sol forte.
Temperatura 15-21°C.
Cuidados As plantas compradas não precisam de nutrientes enquanto estão floridas. Se forem mantidas em casa, aplique fertilizante líquido uma vez por mês enquanto estiverem crescendo.
Regas Moderadas para manter o composto ligeiramente úmido.

FATSHEDERA LIZEI HERA ARBÓREA

Planta de folhagem sempre verde que é híbrida entre *Fatsia japonica* e *Hedera helix hibernica*. Existe outra variedade distinta, variegada, com debrum branco na borda da folha. É uma planta resistente, fácil de cuidar.

Família Araliaceae.
Luz Moderada. A "Variegata" precisa de luz mais forte.
Temperatura 15-24°C.
Cuidados Fertilizante líquido duas vezes por mês.
Regas Moderadas; reduza no meado do inverno, quando em repouso. Mantenha as raízes úmidas, senão as folhas caem.

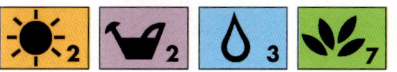

☀ 2   🪣 2   💧 3   🌿 7

FATSIA JAPONICA "VARIEGATA" ARÁLIA-JAPONESA VARIEGATA

Planta de folhagem exótica com folhas largas em forma de mãos, com sete a nove lóbulos que parecem dedos. É resistente, ideal para jardim, com cachos de flores brancas no fim do inverno. Pode-a para manter o tamanho.

Família Araliaceae.
Luz Bastante; tolera pouca sombra.
Temperatura 10-21°C.
Cuidados Fertilizante líquido de quinze em quinze dias.
Regas Generosas no crescimento; bastante água no inverno para o composto não ficar seco.

☀ 2   🪣 3   💧 3   🌿 8

FAUCARIA TIGRINA

Uma suculenta sul-africana, cujas longas folhas carnosas são providas de dentes em forma de gancho e parecem a boca aberta de um tigre. Suas flores amarelas contribuem para a imagem do tigre. Essa planta se multiplica por meio de rebentos (brotos) que nascem na base da planta. É cultivada por causa de sua forma interessante.

Família Aizoaceae.
Luz Bastante luz e um pouco de sol.
Temperatura 15-24°C.
Cuidados Aplicação mensal moderada de fertilizante no crescimento.
Regas O suficiente para manter o composto úmido; no inverno, muito pouco.

FICUS BENJAMINA FIGUEIRA-BENJAMIM

Espécie arbórea que atinge grande porte, mas pode ser conduzida como arbusto. Não é exigente e enfrenta ampla gama de condições. Como podem aparecer cochonilhas, mantenha a folhagem limpa, com inspeções periódicas.

Família Moraceae.
Luz Moderada com algumas horas de sol por dia. As espécies variegadas precisam de mais luz para a coloração.
Temperatura 15-24°C.
Cuidados Fertilizante líquido duas vezes por mês.
Regas Moderadas; deixe a superfície do composto secar entre as regas.

FICUS ELASTICA FALSA-SERINGUEIRA

Planta com uma maravilhosa tonalidade verde-escuro. Cultivado sem ramos laterais, esse *ficus* pode ramificar-se e tomar forma arbustiva. É fácil de cuidar, mas a rega correta é essencial para impedir a queda das folhas. Passe esponja nas folhas regularmente para limpá-lo.

Família Moraceae.
Luz Moderada com um pouco de sol.
Temperatura 15-24°C.
Cuidados Fertilizante líquido duas vezes por mês.
Regas Moderadas para manter a umidade. Essa planta não gosta de muita água.

FICUS PUMILA UNHA-DE-GATO

Folhagem trepadeira, originária da Ásia Oriental, que recobre o vaso e o suporte. Tem folhas pequenas em forma de coração em pecíolos finos. A "Variegata" tem extremidades brancas e é menos vigorosa.

Família Moraceae.
Luz Moderada com um pouco de sol; a forma variegada precisa de mais luz para manter a coloração.
Temperatura 15-24°C.
Cuidados Fertilizante líquido duas vezes por mês.
Regas Moderadas para manter a umidade. Superfície seca entre as regas.

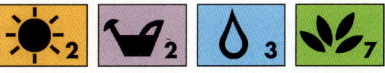

GASTERIA VERRUCOSA GASTERIA

Uma suculenta cultivada por seus feixes de folhas carnudas e flores tubulares, que aparecem no fim da primavera e início do verão. Suas folhas afuseladas são cobertas por verrugas esbranquiçadas, as quais serviram de inspiração para o seu nome científico.

Família Liliaceae.
Luz Moderada, sem sol direto.
Temperatura 15-24°C.
Cuidados Nenhum, porque força um desenvolvimento antinatural.
Regas Moderadas enquanto cresce; seca parcialmente entre as regas. Ligeiramente úmida no inverno.

☀ 2   🪣 2   💧 0   🌿 4

GREVILLEA ROBUSTA GREVÍLEA

A grevílea australiana é uma árvore de floresta que atinge 30 m em ambiente adequado. Dentro de casa produz folhagem sempre verde com folhas que lembram a samambaia e fica bonita com plantas de folhagem contrastante.

Família Proteaceae.
Luz Bastante, e tanta quanto possível no inverno.
Temperatura 15-24°C.
Cuidados Forneça umidade no verão. Fertilizante líquido mensal enquanto cresce.
Regas Mantenha o composto úmido. No inverno, a umidade deve ser mínima.

☀ 3   🪣 1   💧 2   🌿 6

GYMNOCALYCIUM QUELHIANUM

Esse cacto tem forma globular achatada, crescendo lentamente até alcançar 12,5 cm de largura, e apenas 5 cm de altura. No verão, abrem-se flores brancas com o centro levemente avermelhado. Há outras espécies com flores vermelhas ou amarelas.

Família Cactaceae.
Luz Muita.
Temperatura 15-24°C.
Cuidados Fertilizante líquido a cada 3-5 semanas durante o crescimento.
Regas Moderadas quando em fase de crescimento. Pouca umidade no inverno.

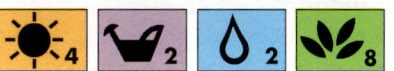

☀ 4   🪴 2   💧 2   🌿 8

GYNURA SARMENTOSA

Trepadeira da família da margarida, apreciada por sua folhagem de filamentos púrpura. É uma bela planta quando jovem, mas se espalha com o tempo. Efetue podas para mantê-la compacta e substitua-a por outra de dois em dois anos.

Família Compositae.
Luz Abundante, com um pouco de sol.
Temperatura 15-24°C.
Cuidados Fertilizante líquido quinzenalmente o ano todo, para ajudar a crescer.
Regas Moderadas no verão, mínimas no inverno. Não molhar as folhas para evitar queimadura.

☀ 3   🪴 2   💧 3   🌿 8

HAWORTHIA MARGARITIFERA

Planta suculenta de folhas pontiagudas da África do Sul, cultivada em peitoris ensolarados. Forma brotos em torno da roseta principal. De aparência semelhante à alcachofra-dos-telhados, distingue-se por protuberâncias verrugosas de cor branca nas folhas. Minúsculas flores tubulares que se formam depois que a planta é adulta.

Família Liliceae.
Luz Abundande, sem sol direto.
Temperatura 15-24°C.
Cuidados Não necessita de adubo.
Regas Moderadas no verão; no inverno, a umidade deve ser mínima.

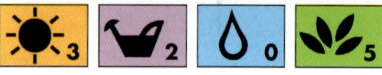

HEDERA CANARIENSIS "VARIEGATA"

Forma variegada da hera, com folhas mais largas e, em geral, de crescimento mais lento. Já aclimatada ao ar livre, é razoavelmente resistente. Folhas cinza-esverdeadas e creme, e pecíolos vermelhos. Conhecida como "Gloire de Marengo", fica bonita em torno de estacas ou em caramanchões.

Família Araliaceae.
Luz Abundante com um pouco de sol.
Temperatura Tolerante, precisa de umidade extra e temperatura elevada.
Cuidados Fertilizante líquido duas vezes por mês.
Regas Mantenha o composto bem úmido.

HEDERA HELIX "GLACIER"

Essa hera tem folhas matizadas de um verde médio e cinza-esverdeado com manchas brancas e bordas cor-de-rosa. É menos vigorosa do que a espécie original; pode as extremidades dos ramos para mantê-la compacta.

Família Araliaceae.
Luz Abundante com um pouco de sol.
Temperatura Tolerante, precisa de umidade. Borrife-a sempre para prevenir ácaros vermelhos.
Cuidados Fertilizante líquido duas vezes por mês.
Regas Manter o composto bem úmido enquanto cresce; porém menos úmido no inverno.

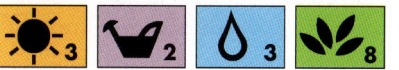

HELIOTROPIUM PERUVIANUM HELIOTRÓPIO

Planta apreciada por suas flores púrpuras e por seu perfume forte e doce. Como a floração diminui com o tempo, é melhor dispor de uma planta nova todo ano. Trate-a como uma planta temporária. Preste atenção às pragas, pois o pulgão branco gosta dessa planta.

Família Boraginaceae.
Luz Abundante, sem sol forte.
Temperatura 15-21°C.
Cuidados Fertilizante líquido a cada quinze dias enquanto estiver crescendo.
Regas Moderadas para manter o composto úmido.

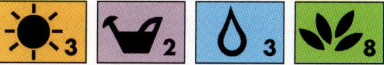

HELXINE SOLEIROLII MUSGO JAPONÊS

Rebatizada recentemente de *Soleirolia soleirolii*, essa planta é uma trepadeira. Devido ao vigor natural, ela se espalhará se não for podada. Cultivada em vasos pequenos, forma lindos aglomerados de folhagem verde-claros. Há também uma variedade com folhas douradas, que lembra a luz do sol quando a planta recebe luz suficiente.

Família Urticaceae.
Luz De abundante à sombra moderada.
Temperatura 10-24°C.
Cuidados Fertilizante líquido diluído a cada quinze dias enquanto cresce.
Regas Mantenha-a úmida sempre.

HEPTAPLEURUM ARBORICOLA CHEFLERA

Conhecida como *Schefflera arboricola*, é um arbusto semilenhoso perene. Cresce rapidamente, transformando-se numa árvore. É possível modificar sua forma com poda apical do ramo principal, tornando-a numa planta compacta e ramificada, mais apropriada para o interior da casa.

Família Araliaceae.
Luz Abundante, sem sol direto.
Temperatura 15-24°C.
Cuidados Fertilizante líquido quinzenalmente enquanto cresce.
Regas Moderadas. Mantenha o composto úmido.

HIBISCUS ROSA-SINENSIS MIMO-DE-VÊNUS

Um arbusto subtropical de crescimento vigoroso, muito usado como planta ornamental de jardim. Destaca-se por suas grandes flores em forma de trompa. É necessário podá-lo na primavera. Vale a pena cultivá-lo pelas floradas magníficas que propicia.

Família Malvaceae.
Luz Abundante, mas não sol direto.
Temperatura 15-24°C.
Cuidados Fertilizante com alto teor de potássio duas vezes por mês enquanto estiver em fase de crescimento.
Regas Mantenha o composto sempre úmido. Borrife-a com água nos dias quentes.

HIPPEASTRUM HYBRID AMARÍLIS, AÇUCENA

Uma das flores mais lindas entre as bulbosas, em geral compradas como bulbos secos para posterior plantio em vasos; florescem no final do inverno/início da primavera. No período de dormência a folhagem cai.

Família Amaryllidaceae.
Luz Abundante. Essa planta é afetada pela luz em seu período de dormência.
Temperatura 15-18°C.
Cuidados Fertilizante líquido duas vezes por mês no verão; depois, fertilizante com alto teor de potássio até a primavera.
Regas Moderadas, mantendo-a úmida.

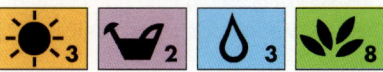

HOWEA FORSTERIANA PALMEIRA-QUÊNCIA

Planta que cresce mais que a *Chamaedorea*, transformando-se numa arvorezinha depois de alguns anos, com folhas arqueadas com muitos folíolos no plano horizontal. Necessita de muito espaço para expandir-se.

Família Palmaceae.
Luz Moderada, mas indireta.
Cuidados Fertilizante líquido diluído uma vez por mês enquanto cresce.
Regas Generosas enquanto cresce e com um sistema adequado de drenagem. No inverno, o suficiente para manter o composto úmido.

HOYA CARNOSA FLOR-DE-CERA

Trepadeira de fácil cultivo, apreciada por seus cachos de flores de perfume adocicado e que duram muito. Florem no final da primavera/início do outono. Pode ser colocada sobre uma treliça ou caramanchão interno, ou num vaso grande em volta de um anel de arame para concentrar as flores.

Família Asclepiadaceae.
Luz Abundante com algumas horas de sol direto.
Temperatura 10-21°C.
Cuidados Fertilizante com alto teor de potássio quinzenalmente no crescimento.
Regas Moderadas para mantê-la úmida.

HYPOESTES PHYLLOSTACHYA CONFETE

É cultivada exclusivamente por causa de sua folhagem verde-oliva escuro com pintas cor-de-rosa. É bom colocá-la onde possa desfrutar de muita luz. Sem isso, o colorido cor-de-rosa desbota e pode desaparecer. Produz flores insignificantes; melhor eliminá-las.

Família Acanthaceae.
Luz Intensa, mas indireta.
Temperatura 15-24°C.
Cuidados Fertilizante líquido quinzenalmente enquanto cresce.
Regas Moderadas para manter o composto úmido, menos no inverno, quando fica em semidormência.

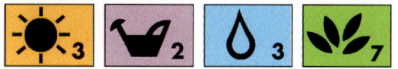

☀ 3   🪴 2   💧 3   🌿 7

JASMINUM POLYANTHUM JASMIM-DOS-POETAS

Trepadeira que cresce muito, de flores brancas, matizadas de cor-de-rosa quando em ambiente externo e com um perfume delicioso. Floresce cedo, do início do inverno ao início da primavera. Exige muita luz e precisa ser podada após a floração.

Família Oleaceae.
Luz Intensa, com um pouco de sol direto.
Temperatura 7-15°C.
Cuidados Fertilizante líquido duas vezes por mês enquanto cresce.
Regas Generosas enquanto cresce; menor no inverno, quando está em semidormência.

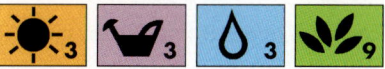

☀ 3   🪴 3   💧 3   🌿 9

KALANCHOE BLOSSFELDIANA CALANCHOE

Uma suculenta ornamental, cultivada por suas flores que duram muito e têm uma cor viva, em geral de um vermelho-sangue brilhante, embora haja variedades com flores cor-de-rosa magenta, amarelas e laranja. Não floresce duas vezes dentro de casa e, por isso, é melhor descartá-la depois da floração.

Família Crassulaceae.
Luz Dê-lhe bastante sol.
Temperatura 15-24°C.
Cuidados Fertilizante líquido uma ou duas vezes por mês.
Regas Limitadas, senão as folhas ficam fracas e a floração diminui.

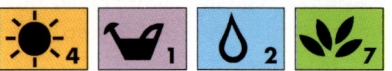

☀ 4 🪣 1 💧 2 🌿 7

KALANCHOE DAIGREMONTIANA

Trata-se de uma suculenta que resulta num belo peitoril de janela. Forma plantinhas minúsculas nas bordas das folhas, as quais são uma forma facílima de obter novas mudas. É uma variedade que tem um único caule com folhas denteadas e carnudas. Pode florir, mas as flores são diminutas e desinteressantes.

Família Crassulaceae.
Luz Abundante.
Temperatura 15-24°C.
Cuidados Fertilizante líquido uma vez por mês.
Regas Moderadas no verão, muito raras no inverno.

☀ 3 🪣 2 💧 2 🌿 7

LAURUS NOBILIS LOUREIRO

Arbusto sempre-verde geralmente conduzido podado em forma geométrica e plantado numa tina de madeira. Pode ser cultivado como planta de interior com a folhagem podada. Em estado natural, adquire a forma de um arbusto esparramado e fácil de ser podado.

Família Lauraceae.
Luz Intensa e luz solar direta.
Temperatura 7-24°C.
Cuidados Fertilizante líquido uma vez por mês enquanto estiver crescendo.
Regas Moderadas da primavera até o início do outono. O solo nunca deve secar inteiramente.

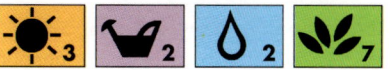

LIRIOPE MUSCARI

Planta de jardim resistente que veio do Japão e da China. Espigões com flores púrpura-azulado. Cresce com cachos de folhas brotando do solo. A "Variegata" é mais decorativa, pois as folhas têm faixas amarelas.

Família Liliaceae.
Luz Quantidade média.
Temperatura 13-21°C.
Cuidados Fertilizante líquido de quinze em quinze dias.
Regas Moderadas para manter o composto úmido enquanto cresce. No inverno, o suficiente para evitar o ressecamento.

LITHOPS FULLERI

Uma das várias espécies de suculentas que conseguiram sobreviver nos desertos do sul da África e que parecem seixos.
Sem atrativo para interiores, pois é muito pequena e pouco vistosa. Desenvolve-se formando moitas e tem crescimento lento.

Família Aizoaceae.
Luz Abundante com um pouco de sol direto todos os dias.
Temperatura 15-24°C.
Cuidados Tão escassa é a sua dieta que não precisa adubação.
Regas Só para manter o composto úmido. No período de repouso, nenhuma.

3 | 2 | 1 | 6

MARANTA LEUCONEURA KERCHOVEANA MARANTA-PENA-DE-PAVÃO

Uma folhagem popularíssima, compacta, atraente e fácil de cuidar. Folhas verde-acinzentadas, com manchas marrom-escuro entre as nervuras das folhas, parecidas com penas de pavão. Uma planta da selva sul-americana, gosta de calor e muita umidade.

Família Marantaceae.
Luz Moderada para evitar que as folhas se queimem.
Temperatura 18-24°C.
Cuidados Fertilizante líquido de quinze em quinze dias enquanto cresce.
Regas Generosas, pois gostam de ambientes tropicais.

2 | 4 | 3 | 9

MONSTERA DELICIOSA COSTELA-DE-ADÃO

Uma das folhagens mais cultivadas como planta de interior; é resistente e tem vida longa. Em estado natural, tem o caule vigoroso e sobe por troncos e palmeiras, de modo que é essencial ter um suporte. Uma estaca de xaxim pode servir muito bem para tal fim.

Família Araceae.
Luz Quantidade média, mas indireta no verão. A maior possível no inverno.
Temperatura 15-24°C.
Cuidados Fertilizante líquido duas vezes por mês.
Regas Manter o composto muito ligeiramente úmido; a superfície levemente seca.

NEOREGELIA CAROLINAE "TRICOLOR" BROMÉLIA

Uma bromeliácea extremamente decorativa com uma linda cor de beterraba no centro de sua roseta de folhas, que se intensifica quando se aproxima a época da floração. Flores minúsculas e desinteressantes desenvolvem-se no vaso, sem se incomodarem com a umidade. As folhas têm listras amarelas que contrastam com o miolo avermelhado.

Família Bromeliaceae.
Luz Bastante luz do sol.
Temperatura 15-24°C.
Cuidados Fertilizante líquido diluído quinzenalmente da primavera ao outono.
Regas Manter reservatório de água potável no centro das folhas.

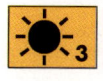

NEPHROLEPIS EXALTATA SAMAMBAIA-ARGENTINA

Planta de crescimento vigoroso que produz um cacho de frondes, cada qual dividida em muitos folíolos. Se desenvolve a partir de um rizoma do qual brotam estolhos fortes e resistentes com mudas nas extremidades.

Família Polypodiaceae.
Luz Abundante; tolera pouca sombra.
Temperatura 15-24°C.
Cuidados Fertilizante líquido uma vez por mês em composto com predominância de terra, e duas vezes por mês em composto à base de turfa.
Regas Generosas para manter o composto úmido a maior parte do tempo.

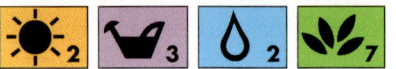

☀ 2　　🪣 3　　💧 2　　🌿 7

PELARGONIUM GRAVEOLENS GERÂNIO

Essa é uma entre muitas espécies cultivadas por sua folhagem perfumada. Essa variedade em particular tem perfume de rosa; outras têm perfume de hortelã, limão ou maçã. Produz flores cor-de-rosa intenso com minúsculas manchas púrpuras. Planta vigorosa, de folhas recortadas e muito belas.

Família Geraniaceae.
Luz Abundante.
Temperatura 15-24°C.
Cuidados Fertilizante líquido com elevado teor de potássio duas vezes por mês, enquanto estiver crescendo.
Regas Moderadas enquanto estiver crescendo.

☀ 3　　🪣 2　　💧 3　　🌿 8

PEPEROMIA ARGYREIA

Já foi conhecida como *P. sandersii;* essa planta tem a superfície lisa e folhas bem carnudas com alternância de faixas verdes e prateadas que se irradiam para fora a partir do caule central.

Família Piperaceae.
Luz Abundante, sem sol intenso.
Temperatura 15-24°C.
Cuidados Fertilizante líquido diluído uma vez por mês enquanto cresce.
Regas Dê quantidades moderadas de água, deixando o composto secar parcialmente entre as regas. Mantenha-o ligeiramente úmido.

PEPEROMIA OBTUSIFOLIA "VARIEGATA" PEPEROMIA VARIEGATA

Essa planta tem a folhagem em forma de coração, típica das peperômias, só que mais alta. Suas hastes tendem a cair e virar trepadeira à medida que amadurece. A "Variegata" é uma planta com matizes verdes e dourados, desde que receba bastante luz para manter plenamente sua cor.

Família Piperaceae.
Luz Abundante luz do sol.
Temperatura 15-24°C.
Cuidados Fertilizante líquido diluído uma vez por mês enquanto cresce.
Regas O suficiente para manter o composto só ligeiramente úmido. Não a molhe demais.

PHILODENDRON SCANDENS FILODENDRO-CORDATO

Trepadeira de folhas lustrosas da família arácea, cultivada por suas folhas em forma de coração (essa variedade não produz dentro de casa as flores típicas de sua família). Em suas florestas nativas, sobe nas árvores, assim sendo, desenvolve melhor quando levada a se concentrar em volta de uma estaca de xaxim.

Família Araceae.
Luz Abundante.
Temperatura 13-24°C.
Cuidados Fertilizante líquido duas vezes por mês.
Regas Moderadas para evitar que seque. Borrife as folhas no verão para dar-lhe umidade.

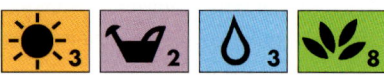

PILEA CADIEREI DOMINÓ

Folhagem muito bonita e fácil de cultivar, originária do sudeste da Ásia. As protuberâncias prateadas em suas folhas de verde intenso, lembra as peças do dominó. Contrasta bem com outras folhagens, particularmente com o *coleus*.

Família Urticaceae.
Luz Faixas de sombra.
Temperatura 18-24°C.
Cuidados Fertilizante líquido somente na primavera e no verão, cerca de duas vezes por mês.
Regas Moderadas o tempo todo, e ar úmido.

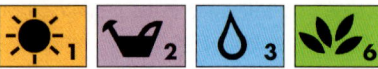

PLUMBAGO AURICULATA BELA-EMÍLIA

Conhecida como *P. capensis*, é um arbusto da África do Sul que cresce desordenado; apreciado por suas lindas flores azul-claro. Em casa, exige lugar bem iluminado e podas ocasionais. Melhor plantá-lo numa tina de madeira num canto do jardim.

Família Plumbaginaceae.
Luz Muita luz e bastante sol.
Temperatura 15-24°C.
Cuidados Fertilizante líquido com alto teor de potássio duas vezes por mês enquanto cresce, para ajudar na floração.
Regas Generosas enquanto cresce, para manter o composto úmido. Pouca no inverno.

PRIMULA OBCONICA PRÍMULA

Espécie chinesa, essa é uma entre os vários tipos cultivados em vasos e, de longe, a mais resistente. Seus cachos de flores podem ter uma intensa coloração vermelho-magenta, rosa, salmão, branco ou azul-claro; e duram bastante. Tem uma longa fase de floração, que começa no fim do inverno e vai até o início do verão.

Família Primulaceae.
Luz Abundante com um pouco de sol.
Temperatura 10-15°C.
Cuidados Fertilizante líquido de quinze em quinze dias enquanto floresce.
Regas Generosas, mas não se deve encharcar a planta.

PTERIS CRETICA SAMAMBAIA-PRATA

Samambaia delicada de Creta, transforma-se numa bela touceira que mantém suas características ornamentais. A variedade conhecida como "Albo-lineata" tem uma faixa branco-cremosa ao longo da nervura central de cada folíolo.

Família Polypodiaceae.
Luz Abundante o ano todo.
Temperatura 15-24°C.
Cuidados Fertilizante líquido diluído uma vez por mês enquanto cresce.
Regas Mantenha o composto sempre úmido. Generosas no verão, diminua no inverno.

☀ 3   🪣 3   💧 2   🌿 8

REBUTIA MINUSCULA CACTO REBUTIA

Vale a pena cultivar esta planta, pois é pequena, fácil de acomodar num peitoril ensolarado, e tem bonitas flores vermelhas. Elas florescem cedo e proliferam rapidamente, formando brotos. A variedade "Grandiflora" tem flores vermelhas e a variedade "Violaciflora" tem flores de cor violeta.

Família Cactaceae.
Luz Muita.
Temperatura 15-24°C.
Cuidados Fertilizante líquido a cada 3-5 semanas durante o crescimento.
Regas Moderadas enquanto cresce. O vaso deve ficar pouco úmido no inverno.

☀ 4   🪣 2   💧 2   🌿 8

RHIPSALIDOPSIS GAERTNERI FLOR-DE-MAIO

O nome popular deriva da época de floração. Esse cacto de floresta cresce na América do Sul. Os caules são formados por segmentos achatados. As flores de cor vermelho-tijolo são únicas ou em pequenos cachos e duram um dia ou dois, mas a beleza da planta dura várias semanas.

Família Cactaceae.
Luz Moderada.
Temperatura 15-21°C.
Cuidados Fertilizante com elevado teor de potássio duas vezes por mês na primavera, exceto quando em repouso.
Regas Generosas até a floração. Pouca fora do crescimento.

RHOICISSUS RHOMBOIDEA CIPÓ-UVA

Uma trepadeira de folhas brilhantes, usada para cobrir caramanchões ou para acompanhar a forma de diversos tipos de suporte. Conhecida também como *Cissus rhombifolia*. As folhinhas crescem com forma rombóide, por isso o nome. Sobe sozinha pelas paredes por meio de suas gavinhas.

Família Vitaceae.
Luz Boa quantidade com um pouco de sol.
Temperatura 15-24°C.
Cuidados Fertilizante líquido a cada quinze dias enquanto cresce.
Regas Moderadas enquanto cresce. Mínimas no inverno.

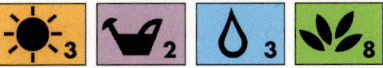

ROCHEA COCCINEA CRASSULA

Uma suculenta elegante, rígida e cultivada por suas flores perfumadas vermelho-sangue, que abrem no meio do verão, em estufas florescem na primavera. De cultivo simples, tem seis ou mais caules cobertos por folhas verdes triangulares e rígidas.

Família Crassulaceae.
Luz Sol direto.
Temperatura 15-24°C.
Cuidados Fertilizante com elevado teor de potássio duas vezes por mês enquanto estiver florindo.
Regas Moderadas no verão, mínimas no inverno.

☀ 4   🪣 2   💧 3   🌿 9

SAINTPAULIA IONANTHA VIOLETA AFRICANA

Essa planta vem da Tanzânia e, por isso, precisa de calor e alto teor de umidade se a temperatura for elevada. Detesta correntes de ar e por esse motivo deve ser protegida contra elas.

Família Gesneriaceae.
Luz Muita luminosidade, mas protegida do sol direto. É preciso luz artificial para fazê-la florir no inverno.
Temperatura 15-24°C.
Cuidados Fertilizante líquido bem diluído em toda rega.
Regas Mantenha o composto úmido, mas deixe-o semiseco entre as regas. A água não deve cair nas folhas.

☀ 3   🪣 2   💧 3   🌿 8

SANCHEZIA NOBILIS

Uma planta grande cultivada por sua bela folhagem estriada. Produz espigões de flores amarelas no outono. As folhas ovais de um verde médio, com estrias amarelas ou esbranquiçadas, cobrem a planta até o solo. Subtropical, precisa de muita umidade.

Família Acanthaceae.
Luz Abundante a sol pleno.
Temperatura 15-24°C.
Cuidados Fertilizante líquido a cada quinze dias enquanto cresce.
Regas Generosas no verão, moderadas no inverno.

SANSEVIERIA TRIFASCIATA "LAURENTII" ESPADA-DE-SÃO-JORGE

É uma das plantas domésticas mais resistentes e menos passíveis de danos. Suporta correntes de ar e está sempre colorida. "Laurentii" é uma variedade de bordas amarelas da espécie S. trifasciata, que tem folhas verdes caracterizadas por uma faixa que parece pele de cobra.

Família Agavaceae.
Luz Abundante ou a pleno sol.
Temperatura 18-27°C.
Cuidados Fertilizante líquido diluído em partes iguais de água uma vez por mês somente enquanto cresce.
Regas Moderadas enquanto estiver crescendo, mínimas no inverno.

SAXIFRAGA STOLONIFERA SAXIFRAGA

Uma folhagem cultivada pelo colorido de suas folhas e pelos brotinhos que pendem de longos caules em forma de arame. Flores brancas minúsculas em forma de estrela são produzidas no fim do verão. Boa para vasos suspensos.

Família Saxifragaceae.
Luz Boa quantidade. A "Tricolor" precisa de mais sol para a coloração.
Temperatura 10-15°C.
Cuidados Fertilizante líquido uma vez por mês enquanto estiver crescendo.
Regas Generosas para manter o composto úmido enquanto a planta estiver crescendo; pouca água quando estiver em repouso vegetativo.

☀ 3 🪣 2 💧 2 🌿 8

SCHLUMBERGERA BRIDGESII FLOR-DE-MAIO

Essa planta que tantos adoram é um cacto de floresta, não de deserto. A floração é ativada por dias curtos, o que ocorre em meados do outono, pois fatores como regas, calor e horas de luz diurna afetam o aparecimento.

Família Cactaceae.
Luz Moderada no verão. A luz do inverno faz bem a ela.
Temperatura 15-24°C.
Cuidados Fertilizante líquido com elevado teor de potássio a cada duas semanas da primavera ao outono.
Regas Abundantes o ano todo, exceto no curto período de repouso vegetativo.

☀ 2 🪣 3 💧 3 🌿 8

SCINDAPSUS AUREUS JIBÓIA

Trepadeira da Polinésia em geral é cultivada num vaso suspenso, mas sobe em volta de uma estaca de xaxim. As folhas sempre verdes são salpicadas de dourado; a variedade "Marble Queen" tem folhas marmorizadas brancas e verdes.

Família Araceae.
Luz Luz intensa é essencial.
Temperatura 15-24°C.
Cuidados Fertilizante líquido a cada quinze dias enquanto cresce.
Regas Moderadas no verão; o composto deve ficar ligeiramente úmido no inverno.

SEDUM RUBROTINCTUM DEDINHO-DE-MOÇA

Planta suculenta cultivada por suas folhas coloridas em verde tingido de vermelho nas extremidades, com o formato de pequenos dedos. Talos mais altos tendem a curvar-se e enraizar-se no composto. Essa espécie raramente floresce dentro de casa.

Família Crassulaceae.
Luz Boa quantidade de sol direto.
Temperatura 15-24°C.
Cuidados Dispensa adubação.
Regas Moderadas enquanto cresce; deixar o composto secar parcialmente entre as regas. Pouca água no inverno.

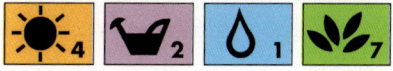

SETCREASEA PURPUREA TRAPOERABA-ROXA

Essa é uma herbácea prostrada de folhas suculentas, da mesma família da tradescância, de cor púrpura. Precisa de lugar ensolarado para manter a intensidade da cor das folhas, em cestas ou vasos suspensos. No verão surgem minúsculas flores de três pétalas rosa-magenta.

Família Commelinaceae.
Luz Boa quantidade de luz com um pouco de sol direto.
Temperatura 18-24°C.
Cuidados Fertilizante líquido uma vez por mês enquanto estiver crescendo.
Regas Moderadas, mas o composto deve ficar bem seco entre as regas.

☀ 3 🪣 2 💧 3 🌿 7

SPATHIPHYLLUM WALLISII LÍRIO-DA-PAZ

Planta sempre verde tropical de folhas lustrosas, de folhagem e flores brancas típicas da família aracea, aparecem na primavera ou no verão. As espatas passam do branco para o verde depois de mais ou menos uma semana, mas continuam decorativas por muitas semanas.

Família Araceae.
Luz Moderada, nunca sol direto.
Temperatura 15-24°C.
Cuidados Fertilizante líquido diluído duas vezes por mês enquanto cresce.
Regas Moderadas no crescimento. Borrife água diariamente para impedir ácaros.

☀ 2 🪣 2 💧 3 🌿 7

TRADESCANTIA FLUMINENSIS TRAPOERABA

As espécies "Variegata" e "Quicksilver" (da foto) têm folhas listradas de verde e branco e são as mais populares plantas de interior para vasos suspensos. Crescem rápido, são coloridas e de propagação fácil. As folhas ficam marrons se a planta seca e é necessário boa iluminação para manter a cor.

Família Commelinaceae.
Luz Bastante luz do sol.
Temperatura 18-24°C.
Cuidados Fertilizante líquido a cada quinze dias durante o crescimento.
Regas Generosa no crescimento. Manter apenas úmido na semidormência.

VRIESIA SPLENDENS BROMÉLIA

Epífita, cresce em troncos de árvores; a roseta de folhas forma um "vaso" (reservatório) típico de água. Com cerca de 5 anos, produz inflorescência no centro da roseta. O talo sustenta um conjunto de brácteas vermelho-sangue, de onde se desenvolvem efêmeras flores amarelas.

Família Bromeliaceae.
Luz Bastante luz do sol.
Temperatura 15-24°C.
Cuidados Fertilizante líquido diluído a cada duas semanas da primavera até o outono.
Regas Manter água potável no centro da roseta.

YUCCA ELEPHANTIPES IÚCA-ELEFANTE

Essa iúca não tem espinho na ponta das folhas; têm uma folhagem delicada. Como plantas de interior, costumam ser multiplicadas por estacas feitas do topo do caule ou das ramificações que se formam em plantas idosas. Não floresce em vasos.

Família Agavaceae.
Luz Muita luz e sol direto são essenciais.
Temperatura 15-24°C.
Cuidados Fertilizante líquido uma vez por mês enquanto cresce.
Regas Mantenha o composto úmido no verão. No inverno, pouca água.

ZEBRINA PENDULA TRAPOERABA-ROXA

Uma herbácea prostrada de folhas suculentas originária do México, da mesma família da tradescância. Tem folhas com listras características com uma faixa de verde no centro e extremidades verdes com áreas branco-prateadas.

Família Commelinaceae.
Luz Muita luz, e sol direto para avivar a cor.
Temperatura 15-24°C.
Cuidados Fertilizante líquido a cada quinze dias enquanto cresce.
Regas Moderadas no crescimento; o composto deve ficar ligeiramente úmido no inverno.

Índice de nomes científicos

Aechmea fasciata 18
Aeonium arboreum 18
Agave americana 19
Aglaonema crispum 19
Ananas comosus variegatus 20
Anthurium scherzerianum 20
Aphelendra squarrosa
   louisae 21
Aporocactus flagelliformis 21
Araucaria heterophylla 22
Asparagus densiflorus 22
Aspidistra elatior 23
Asplenium nidus 23

Begonia corallina 'Lucerna' 24
Begonia rex 24
Beloperone guttata 25
Billbergia nutans 25

Campanula isophylla 26
Ceropegia woodii 26
Chamaecereus silvestrii 27
Chamaedorea elegans 27
Chrysanthemum morifolium 28
Cissus antartica 28
Clivia miniata 29
Coleus blumei 29
Crassula falcata 30
Cryptanthus bivittatus 30

Dieffenbachia maculata 31
Dracaena marginata 31

Echeveria elegans 32
Echinocactus grusonii 32
Echinocereus pectinatus 33
Epiphyllum 'ackermannii' 33
Euphorbia milli 34
Euphorbia pulcherrima 34

Fatshedera lizei 35
Fatsia japonica 'variegata' 35
Faucaria tigrina 36
Ficus benjamina 36
Ficus elastica 37
Ficus pumila 37

Gasteria verrucosa 38
Grevillea robusta 38
Gymnocalycium quelhianum
   39
Gynura sarmentosa 39

Haworthia margaritifera 40
Hedera canariensis
   'variegata' 40
Hedera helix 'glacier' 41
Heliotropium peruvianum 41
Helxine soleirolii 42
Heptapleurum arboricola 42
Hibiscus rosa-sinensis 43
Hippeastrum hybrid 43
Howea forsteriana 44
Hoya carnosa 44
Hypoestes phyllostachya 45

Jasminum polyanthum 45

Kalanchoe blossfeldiana 46
Kalanchoe daigremontiana 46

Laurus nobilis 47
Liriope muscari 47
Lithops fulleri 48

Maranta leuconeura
   kerchoveana 48
Monstera deliciosa 49

Neoregelia carolinae
   'tricolour' 49
Nephrolepis exaltata 50

Perlagonium graveolens 50
Peperomia argyreia 51
Peperomia magnolaefolia
   'variegata' 51
Philodendron scandens 52
Pilea cadierei 52
Plumbago auriculata 53
Primula obconica 53
Pteris cretica 54

Rebutia minuscula 54
Rhipsalidopsis gaertneri 55
Rhoicissus rhomboidea 55
Rochea coccinea 56

Saintpaulia ionantha 56
Sanchezia nobilis 57
Sansevieria trifasciata
   'laurentii' 57
Saxifraga stolonifera 58
Schlumbergera bridgesii 58
Scindapsus aureus 59
Sedum rubrotinctum 59
Setcreasea purpurea 60
Spathiphyllum wallisii 60

Tradescantia fluminensis 61

Vriesia splendens 61

Yucca elephantipes 62

Zebrina pendula 62

Índice de nomes populares.

Abacaxi ornamental 20
Aeonium arbóreo 18
Afelandra-zebra 21
Aglaonema 19
Amarílis, açucena 43
Antúrio-rabinho-de-porco 20
Arália-japonesa variegata 35
Aspargo-pendente 22
Aspidistra 23
Asplênio-ninho-de-ave 23

Begônia-asa-de-anjo 24
Begônia-real 24
Bela-emília 53
Bilbergia 25
Bola-de-neve-mexicana 32
Bromélia tricolor 30
Bromélia 49, 61

Cacto rebitia 54
Cacto-barril-de-ouro 32
Cacto-rabo-de-rato 21
Cacto-orquídea 33
Calanchoe 46
Camarão 25
Caraguataí 18
Campânula 26
Ceropegia 26
Cheflera 42
Cipó-uva 55
Cissus 28
Clívia 29
Coléus 29
Comigo-ninguém-pode 31
Confete 45
Coroa-de-cristo 34
Costela-de-adão 49
Crassula 56
Crisântemo-do-japão 28

Dedinho-de-moça 59

Dominó 52
Dracena-de-madagáscar 31

Espada-de-são-jorge 57

Falsa-seringueira 37
Figueira-benjamin 36
Filodendro-cordato 52
Flor-de-cera 44
Flor-de-maio 55, 58

Gasteria 38
Gerânio 50
Grevílea 38

Heliotrópio 41
Hera arbórea 35

Iúca-elefante 62

Jasmim-dos-poetas 45
Jibóia 59

Lírio-da-paz 60
Loureiro 47

Maranta-pena-de-pavão 48
Mimo-de-vênus 43
Musgo japonês 42

Palmeira chamaedórea 27
Palmeira-quência 44
Peperomia variegata 51
Pinheiro de Norfolk 22
Poinsétia, bico-de-papagaio 34
Prímula 53

Samambaia-argentina 50
Samambaia-prata 54

Saxifraga 58

Trapoeraba 61
Trapoeraba-roxa 60, 62

Unha-de-gato 37

Violeta africana 56